AF268034

L'ANNIVERSAIRE

DE

SIDI-BRAHIM

DISCOURS

prononcé dans l'église de la Madeleine, à Besançon

LE 21 SEPTEMBRE 1891

par M. le vicaire-général TOUCHET

BESANÇON

IMPRIMERIE ET LITHOGRAPHIE DODIVERS

1891.

L'ANNIVERSAIRE

DE

SIDI-BRAHIM

—

DISCOURS

prononcé dans l'église de la Madeleine, à Besançon,

le 21 septembre 1891,

par M. le vicaire-général TOUCHET

———

BESANÇON

IMPRIMERIE ET LITHOGRAPHIE DODIVERS

—

1891.

Ad memoriam æternam.
Ils sont dignes d'une éternelle mémoire.

Le voyageur, Messieurs, qui longe les côtes
judéennes, pour aller de Saint-Jean-d'Acre à
Jaffa, rencontre à gauche de sa route une ruine
devant laquelle il s'arrête ému, pour peu que
Dieu lui ait révélé l'inestimable prix que valent
le courage des soldats et l'indépendance des
peuples. Ces pierres disjointes par le temps,
rongées par le vent de mer et par les ouragans
de sable, ce sont les vestiges du tombeau de
Modin.

Dans cette région austère, dénudée, un prêtre
juif, Mathatias, convia jadis ses tristes compa-
triotes à secouer le joug des Grecs héritiers
d'Alexandre. Il parlait admirablement de Jeho-
vah et de la liberté, ce vieillard ! Ses fils d'a-
bord, ses voisins ensuite, se laissèrent persua-
der et, se prenant la main les uns aux autres,
ils jurèrent de mourir pour Jérusalem, pour le
temple et pour la nation. Jamais serment ne fut
mieux gardé. Les Macchabées combattirent de
formidables combats ; mais, grâce que le Dieu
des armées n'accorde pas toujours, leur fortune
égala leur courage ; s'ils laissèrent leur vie sur
des champs de bataille, leurs champs de bataille
furent communément les champs de victoire ; et

l'envahisseur étranger finit par abandonner le sol mesuré par la Providence aux douze tribus.

Or, l'un des puinés, Siméon, voyant que l'entreprise avait été menée à terme et que bientôt peut-être nul ne survivrait de l'héroïque lignée, résolut de réunir en un même lieu ceux que les seuls hasards de la mort avaient pu diviser. Il dressa sept pyramides de pierre soigneusement taillée, deux qui se touchaient, pour son père et sa mère, les cinq autres pour ses frères. Tout autour il développa une haute colonnade couronnée d'un fronton sur lequel il sculpta des armes, des tro. hées, des vaisseaux. Enfin il y grava une inscription d'apparence ambitieuse, que l'événement toutefois n'a pas démentie : *Ad memoriam æternam*: Ils sont dignes d'une éternelle mémoire.

Sous d'autres cieux, deux cents années plus tôt environ, un autre fait de guerre avait mérité la même illustration. En ces temps-là, l'Asie « déracinée de ses fondements », ayant été précipitée par Xercès contre l'Europe, un million de Mèdes, de Perses, de Lybiens, de Scythes — un million de barbares ! — mugissait sur les rivages de la mer Egée. La Grèce ne s'abandonna pas elle-même dans ces critiques conjonctures, et elle chargea Léonidas d'aller défendre avec trois cents hommes le passage des Thermopyles. Xercès somma son chétif adversaire de se rendre. « Sais-tu, disait au spartiate, l'envoyé du roi des rois, sais-tu que nous sommes tellement nombreux que nos flèches suffiraient à obscurcir le soleil ? » — « Tant mieux, répondit froidement celui-ci, tant mieux, nous nous battrons à l'ombre. » Trois jours, Xercès fut tenu en échec ; trois jours ce fut une boucherie dans laquelle vingt mille hommes mordirent la poussière. Enfin, quand le dernier des Lacédémoniens comprit que tout était fini et qu'il allait mourir, regardant autour de soi et avisant que nul ne restait pour aller porter la nouvelle, il brisa son javelot et de la pointe grava dans le roc vif les mots fameux : « Passant, va dire à Sparte que nous sommes morts ici pour obéir à ses saintes lois » Et le poète Simonide, entonnant un hymne dans sa langue, s'écriait : « Périsse l'Hellade, plutôt que d'oublier ! *Ad æternam memoriam !* »

Ainsi dans les gorges sauvages illustrées par Débora comme aux campagnes harmonieuses chantées par Homère, c'est le même cri qui accueille les mêmes hauts faits : Gardons-nous d'oublier, *ad æternam memoriam !*

Qui donc s'étonnerait, Messieurs, que je me sois souvenu de ces textes au moment où je viens célébrer avec vous l'exploit de Sidi-Brahim ? Ce nom de Sidi-Brahim n'éveille-t-il pas une fanfare de gloire aussi sonore que le nom de Modin ou des Thermopyles ?. Quelle lutte, presque fabuleuse !

Vous en savez par cœur toutes les péripéties, messieurs. Ce récit est pour vous une tradition de famille. J'ai vu ce petit livret bleu, autographié, que vous remettez à vos hommes dès leur entrée au bataillon, et plus d'une fois en le lisant, mes yeux se sont mouillés de larmes. Aussi, je ne prétends vous apprendre quoi que ce soit en vous rappelant l'aventure. Mais il me plaît de la dire en ce saint lieu, à cette foule qui peut-être l'ignore, et mon avis est que la vieille basilique a rarement entendu récit de sacrifice plus auguste, j'allais dire, oubliant que je parle devant l'autel de Jésus-Christ, de sacrifice plus divin.

C'était en l'année 1845, le dimanche 21 septembre, à dix heures du soir, 13 officiers, 346 chasseurs, 62 hussards, un interprète, deux soldats du train, 425 hommes comptés se mettaient à la récherche de l'émir Abd-el-Kader, sous le commandement d'un terrible homme, ardent, impétueux, ferrailleur, comme un Dunois égaré dans le XIXe siècle, le colonel Montagnac. Après une marche d'une trentaine d'heu res entrecoupée de haltes, la colonne arrivait en présence du mamelon que domine le marabout de Sidi-Brahim.

On s'arrêta afin de dormir un peu.

Quelqu'un de vous, Messieurs, aura vu la toile militaire intitulée *le Rêve* qui obtint la grande médaille au Salon de 1889, si je ne me trompe. Le soleil n'est pas encore levé. Tout au plus quelques flèches de lumière vont-elles franger d'un ton vif la brume de nuance violette qui estompe l'horizon. Au premier plan le drapeau tricolore enroulé semble sommeiller sur des fusils entrecroisés. Dans un coin, des tambours, des clairons, qui jetteront dans un instant à l'écho leur note matinale. Au loin, en une perspective qui fuit à perte de vue, des faisceaux, sous lesquels officiers et soldats sont étendus, n'ayant tous que cette couche égalitaire du campement improvisé, — la terre nue que la rosée fraîchit.

Puisque rêve il y a, de quoi rêvent-ils donc tous ceux qui dorment ainsi ? De quoi ils rêvent ? Detaille nous l'a dit. Levez les yeux vers la partie supérieure de son tableau. Parmi la blancheur singulière d'une nuée élyséenne, il a mis une armée, ou pour être plus exact, il a mis des armées en marche On y entrevoit Philippe-Auguste et ses chevaliers, ceux qui sous l'oriflamme battirent Othon d'Allemagne, l'ennemi héréditaire, aux champs de Bouvines, Condé, Turenne, Maurice de Saxe, ceux qui sous le drapeau blanc étendirent la vieille France entre ses frontières naturelles, la Méditerranée, l'Océan, les Vosges, le Rhin, les Alpes; enfin Hoche, Jourdan, Moreau, Bonaparte, ceux qui sous le drapeau tricolore défirent puis écrasèrent l'Europe épouvantée Tout cela vit, tout cela se remue d'une vie, d'un mouvement intense, exhortatif, si j'osais ainsi dire. C'est l'en avant! du passé au présent, des choses qui ne sont plus aux choses qui seront demain, des héros qui sont morts aux héros qui vont naître.

gnore si les chasseurs et les hussards de

Montagnac songèrent de pareils songes durant la sieste d'Oued-Touali, mais ce dont je me tiens pour assuré, c'est que si, de la région mystérieuse qu'ils habitent, les guerriers des vieux âges abaissèrent leur regard vers le sol africain ils durent reconnaître que leur race n'avait pas forligné ; chasseurs et hussards vont savoir se souvenir, *ad memoriam æternam* !

Dès sept heures du matin, trois compagnies s'ébranlaient ; soudain la fusillade pétille, les hussards chargent ; derrière eux les chasseurs, divisés par peloton s'avancent en observant les distances ; l'ennemi fuit : Victoire ! non c'est une ruse ; les hussards s'y laissent prendre ; ils se lancent et vont se jeter dans une embuscade de cavaliers arabes. Le capitaine Gentil Saint-Alphonse tombe ; le lieutenant Klein tombe ; les chasseurs arrivent au pas de course ; Montagnac les précède à peine d'un instant ; une balle l'abat ; comprimant sa blessure de sa main gauche ensanglantée, de la droite il fait un geste suprême, ordonne de former le carré, remet le commandement au chef d'escadrons Courby de Cognord, et meurt.

Le bataillon carré est enveloppé ; la nuée des ennemis grossit sans cesse ; les voici deux mille, trois mille, dix mille ; le cercle de fer et de feu se rétrécit ; chaque balle ennemie porte ; néanmoins pas un pouce de terrain n'est perdu, pas un cri n'est proféré. Courby de Cognord tombe ; les officiers tombent ; les soldats tombent ; ce groupe immobile, silencieux, ainsi que s'exprime admirablement un témoin, tombe sous le feu comme un vieux mur.

Cependant Froment-Coste et l'adjudant major Dutertre tentent une diversion avec la compagnie Burgard : ils sont cernés à leur tour, fusillés à leur tour. Dutertre est blessé ; Coste tombe, Burgard tombe. Ah ! la mort a bien fait son œuvre : il n'y a plus un français debout dans la plaine.

Le troisième acte de la tragédie commence. Le

capitaine de Géreaux avait été commis avec 80 hommes à la garde du camp. C'est contre lui que libre désormais de tout souci, les Arabes se retournent. De Géreaux voit le péril, il s'enferme dans l'enceinte du marabout, ouvre des créneaux et organise le feu de ses grosses carabines.

Abd-el-Kader, fut-il frappé à la fin de cette magnanimité. Voulut-il sincèrement sauver de si braves gens ? toujours est-il qu'il prit l'initiative d'une négociation. Qu'ils se rendent, ils auront la vie sauve : un cri formidable de : *Vive le roi* ! accueille la proposition Vive le roi, messieurs, c'était Vive la France. Le soldat comme le prêtre : le prêtre comme le soldat ne sont pas des politiques. Ils ont reçu l'un et l'autre un ministère supérieur aux combinaisons des partis : à travers les formes changeantes des constitutions, leur regard doit discerner toujours cette sainte réalité qui ne change pas et qui s'appelle d'un grand nom, devant lequel l'humanité, quoiqu'on en dise, se prosterne : la France ! Ce premier échec ne découragea point l'Emir. Je vous l'ai dit, messieurs. Dutertre, couvert de sang, avait été ramassé par les Arabes. Abd-el-Kader l'envoya en députation. Quand le négociateur fut à portée du marabout, il s'arrêta. Tout bruit de poudre s'était tu : on voulait entendre un camarade, un chef. Ah, oui que tout bruit cesse ! Il mérite d'être entendu celui-là ! « Chasseurs, fit-il, on me coupera la tête, si vous ne posez pas les armes : et moi je viens vous dire de mourir jusqu'au dernier plutôt que de vous rendre. » Et intrépide, il se retourna vers le bourreau : un instant après, son chef roula dans la poussière du chemin.

Saluons, Messieurs, saluons bas ; cela c'est le martyre pour l'honneur et le devoir.

Au surplus, je ne sais pas trop pourquoi j'insiste sur cet épisode : il est difficile de discerner du plus grand ou du moins grand où le sublime est partout.

Les hostilités reprirent et elles repriren

aussi terribles que les nôtres pouvaient le craindre. A l'attaque de vive force, les Arabes substituèrent le blocus. Le blocus, c'est-à-dire la vigilance nécessaire de jour, de nuit, de peur d'une surprise ; le blocus, c'est-à-dire la certitude que les frères d'armes qui pourraient être envoyés en détachement, n'entendront pas le fracas de la bataille et par conséquent ne viendront pas à l'aide ; le blocus, c'est-à-dire les provisions qui s'épuisent graduellement ; le blocus, c'est-à-dire l'eau qui manque sous un ciel de feu ; le blocus, c'est-à dire la mort qui s'approche non plus à visage découvert, d'un élan de lion, ainsi que s'exprimait Job, mais sournoise et à pas cauteleux de tigre. Ils demeurèrent trois jours sans eau, sans nul breuvage que cette mixture abominable dont je ne puis même pas dire ici le nom. Enfin, au bout de 72 heures, ayant perdu l'espoir, même vague, d'être secourus, aimant mieux mourir la tête cassée par une balle que les entrailles tenaillées par la soif, ils résolvent une sortie, et à six heures du matin, le 26 septembre, les Kabyles surpris, plus que cela, stupéfaits de cette audace, voient descendre de Sidi-Brahim une trombe humaine qui déracine, emporte, broie tout sur son passage. C'était 73 hommes valides, emportant avec eux sept blessés, qui s'ouvraient un passage vers Djemma-Ghazaouat.

Cependant l'ennemi se remet, il couronne les crêtes ; les projectiles pleuvent serrés comme la grêle d'orage ; et il faut reprendre l'éternelle lamentation : Chappedelaine tombe, de Géreaux tombe, 66 hommes tombent. Des 425 soldats de Montagnac, 12 seulement avaient échappé ; les autres étaient tombés, la face à l'ennemi, le cœur ferme, l'âme indomptée, envoyant à travers l'espace infini, un suprême sourire à la France, un suprême baiser aux chers êtres qui les y attendaient, et écrivant dans l'histoire d'une armée qui compte tant de nobles pages, un chapitre devant lequel doit reculer la plume de l'historien, l'imagination du poète et la parole de l'orateur.

Et quels mots, messieurs, magnifiques ou charmants, tombés de leurs lèvres pendant ces trois jours. Mot de Dutertre à ses camarades : « Je vais avoir la tête tranchée si vous ne capitulez point, mais je vous dis, mourez jusqu'au dernier ! » — Mot de Géreaux à Abd-el-Kader : « Vos discours me fatiguent, j'attends qu'on reprenne le feu. A la garde de Dieu ! » — Mot de Thomas devant le corps du capitaine Burgard : « Allons, mes amis ! un pas en avant ; mourons sur le corps de nos officiers. » — Enfin, mot de Courby de Cognord à ce jeune soldat, presque un enfant, qu'il avait vu soupirer : « Quel âge as-tu ? — Vingt-un ans ! — Tu souffriras donc dix-huit ans de moins que moi. Attends quelques minutes, je vais te montrer comment on meurt la tête haute. »

O mon pays, toi qui n'as oublié ni ton Clovis de Tolbiac, ni ton Charles Martel de Poitiers, ni ton Louis IX de la Massoure, ni ta Jeanne d'Arc, ni ton grand Ferré, ni d'Assas, ni les paysans de Jemmapes, de Wattignies, de Fleurus, ni les grenadiers de Waterloo, comme pour nous apprendre que tu t'inclines avec un égal respect sur la cendre des petits et des grands, pourvu que cette cendre soit héroïque ; ô mon pays, toi que tes ennemis ont parfois proclamé léger, mais que personne n'osa jamais proclamer ingrat, tu n'oublieras point les hussards et les chasseurs de Sidi-Brahim ; d'âge en âge, la génération qui s'en va contera leur exploit à la génération qui grandit ; on répétera que leur défaite — s'il convient de prononcer ici ce mot — fut triomphale à l'égal des plus éclatantes victoires, et la vertu des enfants s'exaltant par les exemples des pères, on comprendra mieux que rien des choses d'ici-bas n'est plus vénérable que le courage, plus sacré que le drapeau, plus digne d'amour que la patrie : *ad memoriam æternam!* O mon pays ! je t'en adjure, garde ces fiers souvenirs !

Ad memoriam æternam. Et Dieu, Messieurs, oserons-nous dire que Dieu se souvient? Ici, le patriote doit se taire et le théologien parler. Eh bien, en vérité, sur mon âme et conscience, je crois que Dieu fit accueil aux héros et aux martyrs de Sidi-Brahim.

Servons-nous de la formule simple : ils moururent pour faire leur devoir, n'est-ce pas? Mais, qu'est-ce que mourir pour le devoir? N'est-ce pas, en soi, l'acte moral le plus parfait et le plus méritoire? Nul ne peut témoigner à ses amis une plus grande charité que de mourir pour eux, dit Jésus ; nul ne peut témoigner au devoir, à la loi, un plus grand respect que de mourir pour le devoir et la loi. Et ce n'est pas seulement Jésus qui prononce ainsi, c'est l'humanité. Tenez, messieurs, que je vous en donne une preuve bien actuelle. Vous revenez des plaines de la Champagne : la France entière vous y avait suivis du cœur et du regard. Savez-vous pourquoi tous les yeux étaient tournés vers vous? Samedi, lorque vous êtes rentrés dans nos murs, vous avez dû vous apercevoir que la vieille cité bisontine, quoique peu impressionnable de son naturel, vous accueillait avec émotion. Pourquoi donc cette sympathie, cet émoi, de là-bas et d'ici? Est-ce séduction des uniformes dorés au soleil et des drapeaux flottants au vent? Est-ce admiration pour la science tactique des mouvements que vous avez exécutés? Est-ce enfin exaltation d'orgueil national, tressaillement d'un peuple qui se sent fort et qui jouit de cette conscience intime de soi? Sans nul doute, messieurs, Français et Françaises ont la passion innée des éclats militaires ; sans nul doute encore, il nous plaisait de voir chaque matin nos feuilles publiques rendre hommage à l'habileté des chefs et à la souplesse des soldats ; sans nul doute enfin, c'est une incomparable joie pour le bon citoyen de constater que la France n'est plus la grande et douloureuse malade d'il y a vingt ans, qu'elle est redevenue forte, vigoureuse, et que ses amis comme ses émules la traitent avec des égards qui sentent la flatterie. Mais, messieurs, tout cela n'est pas l'explication dernière de mes pourquoi. L'explication dernière des préoccupations que vous avez provoquées, la voici : Nous nous disions :

Il y a là-bas, en Champagne, plus de cent mille hommes, et s'il le fallait, il y aurait en un point que nous ne savons pas, mais que Dieu sait, plus de dix fois cent mille hommes qui ont décidé d'accepter la mort, qui sans mépriser la vie sauraient la sacrifier et ne se plaindraient pas, qui seraient ensevelis, sans que leur nom fût prononcé, sous trois pieds de terre mêlée de chaux vive, et seraient heureux cependant parce qu'ils auraient fourni une part de cette gloire qui met les nations sur un piédestal et les maintient en dignité. Tant il est vrai que le cœur humain comme la parole de Jésus, affirme le prix infini de la mort subie pour le devoir.

Supposez donc dans le cœur des soldats de Sidi-Brahim cette simple idée, assez vraisemblable en une heure aussi solennelle, et qui fut d'ailleurs exprimée par le capitaine de Geraux, « Dieu me veut à mon poste ; j'y demeurerai ; c'est sa loi ; c'est mon devoir ; arrive la volonté de Dieu ! » Supposez encore un regret même rapide de ces violations du droit, du devoir que comporte toute vie ; supposez la mort acceptée librement avec soumission aux desseins de Celui qui est le Père et le fondement du devoir ; une semblable fin ne peut être que le prélude de ces récompenses éternelles qu'on chantait tout à l'heure : ceux qui moururent ainsi nous les retrouverons dans les éternels revoirs du Paradis. *Ad memoriam æternam.*

Une après-midi de bataille, Messieurs, une femme, — ce n'était qu'une femme, mais cette femme valait des légions d'hommes, — Jeanne d'Arc, criait aux chevaliers qui s'étaient lancés à toute bride, à la poursuite des fuyards de Patay : *En avant ! tout est vôtre !* — A vous aussi, messieurs, je dirai en terminant, et en résumant d'un mot l'allocution trop longue peut-être que je vous ai adressée : vous faites un noble métier dans lequel tout est vôtre : la discipline est vôtre, la patience stoïque est vôtre, l'acceptation de la fatigue est votre, le mépris de la mort est vôtre : et en échange, la sympathie profonde des bons cœurs est vôtre, la confiance du pays est vôtre : au besoin, l'admiration de la postérité serait vôtre, la récompense du ciel serait vôtre.

Soyez-en fiers, Messieurs ; rien n'est lumineux comme une épée au service de la justice et du droit. Qui a vécu dans ce service, menant de front les obligations de l'homme et celles du chrétien, peut mourir, comme nos aïeux les Francs, le sourire aux lèvres : n'eût-il été qu'un simple soldat, il serait digne d'éternel souvenir.

Ad memoriam æternam !

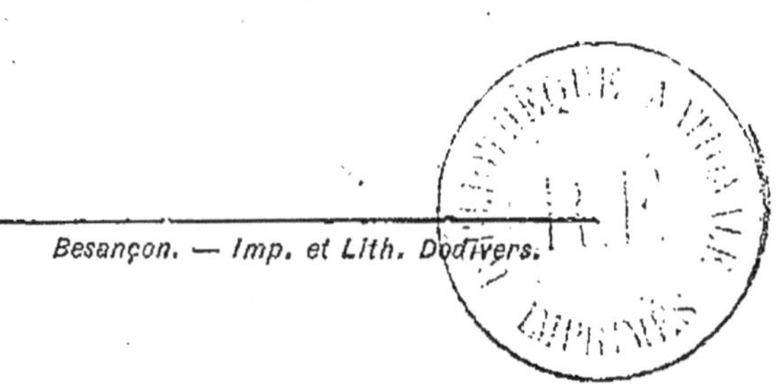

Besançon. — Imp. et Lith. Dodivers.